COMUNICACIÓN POLÍTICA EN ELECCIONES Y PANDEMIA EN MÉXICO

Ernesto Hernández Norzagaray

Title: **COMUNICACIÓN POLÍTICA EN ELECCIONES Y PANDEMIA EN MÉXICO**

ISBN: 979-8-88676-729-2

Author: Ernesto Hernández Norzagaray

Cover image: www.pixabay.com

Publisher: Generis Publishing
Online orders: www.generis-publishing.com
Contact email: info@generis-publishing.com

Contents

La democracia perfecta sólo puede existir en una sociedad de ángeles.

Jean-Jacques Rousseau

Resumen: Este ensayo de investigación está dividido en cuatro partes: Una, introductoria donde contextualizamos la importancia del trabajo de investigación en medio de la pandemia del Covid-19 que sacudió y sacude al mundo, y en particular a México, que sufre en el momento de escribir este texto la embestida de una sexta ola, y que planteó y plantea problemas de operación de política pública, que obligó a las instituciones electorales, a los partidos políticos y a las militancias, hacer de manera diferente a lo que tradicionalmente tenía que ver con la organización, campañas y calificación de los procesos electorales. Los candidatos, por ejemplo, frecuentemente, dejaron de tener una comunicación política directa con los ciudadanos para hacerlo de manera virtual a través de las redes sociales y en un contexto de temor colectivo por los efectos de la pandemia que fueron campo fértil para la transmisión de mensajes negativos y noticias falsas (*fake news*);

Dos, el Instituto Nacional Electoral (INE), encargado de la organización de las elecciones federales y, excepcionalmente, de los comicios locales, a petición de los institutos electorales estatales podía llevar a cabo las elecciones en su ámbito jurisdiccional. A efectos institucionales el INE es el organismo de Estado mexicano encargado de operar el modelo institucional de comunicación política y, asignar, a través de una fórmula específica, los tiempos fiscales del gobierno y otorgar lo que le corresponde a cada uno de los partidos en competencia. No sólo eso, también, revisar si los contenidos de los mensajes partidarios se sujetan a lo que se establece en ese capítulo la ley de partidos políticos y para ello, nos dice, tiene un instrumento de "vanguardia" para monitorear los mensajes en tiempo real y,

Tres, este ensayo hace una revisión de las teorías conspirativas y *fake news* que más usualmente se hicieron visibles en los comicios de 2018 y con fines comparados en los ocurridos en 2021 que estuvieron menos sujetos a mecanismos de *fact-checking*. Esto provocó que en la narrativa electoral se filtraran medias verdades o mentiras absolutas en el afán frecuentemente desmedido de obtener apoyos electorales lo que llegó a poner en entredicho la solvencia ética de partidos y candidatos, además, de los medios de comunicación que trasmitían sus mensajes compulsivamente.

Para ello, nuestra metodología inscrita en una perspectiva institucionalista, contempla la comprensión del funcionamiento y la eficacia de las instituciones que regulan el comportamiento de los ciudadanos, candidatos y partidos políticos en el sistema democrático mexicano; además, realizamos el análisis cuantitativo y cualitativo del modelo de comunicación política que institucionalizó las nuevas prácticas de trasmisión de programas, emblemas, ofertas y candidatos en los tiempos legales del Estado; así mismo, la puesta en operación en elecciones sin pandemia y con pandemia, poniendo énfasis en el rol que jugaron las redes sociales en el proceso electoral federal de 2021 y;

Cuatro, finalmente, recuperamos las enseñanzas que dejan las elecciones federales del verano de 2021, en el periodo pandémico teniendo en perspectiva futuros comicios.

Abstract: This research essay is divided into three parts: One, introductory where we contextualize the importance of research work in the midst of the Covid-19 pandemic that has shaken and is shaking the world, and in particular Mexico, which is suffering at the time of write this text the onslaught of a sixth wave, and that raised and raises problems of political operation that forced electoral institutions, political parties and militants, to do differently from what traditionally had to do with the organization, campaigns and qualification of electoral processes. Candidates, for example, frequently stopped having direct political communication with citizens to do so virtually through social networks in a context of collective fear of the effects of the pandemic that were fertile ground for the transmission of negative messages and false news (fake news).

Two, the INE, in charge of organizing federal elections and exceptionally of local elections at the request of the state electoral institutes to organize the elections in their jurisdictional scope. To the interest of this essay, the INE is the Mexican State agency in charge of operating the institutional model of political communication and assigning, through a specific formula, the fiscal times of the government and giving what corresponds to each one of them. the parties in competition, but not only that, but also to review whether the content of the messages is subject to what is established by the law on political parties and for this, it has a "vanguard" instrument to monitor the messages in real time;

Three, the essay reviews the conspiracy theories and fake news that most often became visible in the 2018 elections and for purposes compared to those that occurred in 2021, which were less subject to fact-checking mechanisms. This caused half-truths or absolute lies to leak into the electoral narrative in the frequently excessive desire to obtain electoral support, which came to question the ethical solvency of parties and candidates, as well as the media that transmitted their messages.

For this, our methodology inscribed in an institutionalist perspective, contemplates the understanding of the functioning and effectiveness of the institutions that regulate the behavior of citizens, candidates and political parties in the Mexican democratic system; In addition, we carry out the quantitative and qualitative analysis of the political communication model that institutionalized the new practices of transmission of programs, emblems, offers and candidates in the legal times of the State; likewise, the implementation in elections without a pandemic and with a pandemic, emphasizing the role that social networks played in the 2021 federal electoral process and, finally, we recover the lessons that the summer 2021 elections leave, in the pandemic period and with perspective for future elections.

Palabras clave: comunicación política, políticas públicas, elecciones, pandemia, México.

Key words: political communication, public policies, elections, pandemic, Mexico.

Introducción

Es un lugar común afirmar en estos tiempos que la pandemia de Covid-19 vino a trastocarlo todo y así fue y, a tres años de iniciada presuntamente en un mercado público de Wuhan en China y que ha sido controvertida mediante otras hipótesis[1]. Al parecer entre los asiduos se detectaron 27 casos de neumonía con una etiología desconocida que rápidamente dio vuelta al mundo. Primero se le vio distante, inofensiva, como un problema de los chinos y en explicaciones más elaboradas como materia de eruditos y científicos epidemiólogos, luego, conforme se fue reproduciendo y multiplicando los casos las tonalidades amarillas fueron cambiando a notas negras hasta convertirse en un asunto de alarma mundial. En esas primeras semanas y meses mucho se especularía sobre el origen y, hasta el día de hoy, no se sabe con certeza, la causa de este coronavirus que el 9 de enero se identificó como SAR-CoV-2, el agente del Covid-19, y, hoy, podríamos afirmar con certeza que toda persona consciente sabe del virus por experiencia propia o ajena.

Para enero de 2020 las autoridades chinas reconocieron las primeras muertes por este virus para el que no existía una vacuna. Para el 13 de ese mes se conoció el primer caso fuera de China, en Tailandia, y para el 15, se conocía otro en los Estados Unidos de Norteamérica. El virus viajaba con la rapidez de los aviones intercontinentales que cruzaban tierra, mar y aire con su estela contagiosa, pero, también, por las calles y avenidas de las grandes y pequeñas poblaciones. La respuesta de una ciencia médica que no salía de su asombro estaba lejos de corresponder con la necesidad de controlar sus efectos más perniciosos de manera que aquello se tradujo en una sensación de desamparo colectivo. Ante el desconocimiento de la etiología del virus, la ausencia de un medicamento y su propagación por el mundo, el 30 de enero la Organización de Naciones Unidas (ONU), a través de la Organización Mundial de Salud (OMS), emitió la Declaratoria de Emergencia de Salud Pública de Importancia Internacional (ESPI) lo que terminó por alarmar al mundo y, para el 11 de marzo, formalmente se emitió la Declaratoria de Pandemia que rápidamente todos los ciudadanos identificaríamos como Covid-19.

Cuando se empezaron a multiplicar los contagios especialmente en los países mediterráneos que tuvieron un efecto carambola que dejaría una estela de muerte y miedo. En México, el 28 de febrero de 2020, se reconoció el primer caso de contagio de este coronavirus, y eso activó al gobierno federal, que estaba a la

---

[1] https://www.bbc.com/mundo/noticias-56000244 Consultado 6 de marzo de 2023.

expectativa de cómo evolucionaba el comportamiento del virus en otros países. Las instituciones de salud pública pusieron en marcha protocolos para evitar la propagación del virus principalmente en las grandes concentraciones urbanas de todo el país. El temor cundía con extraordinaria rapidez a través de los grandes medios de comunicación, las redes sociales y de voz en voz. Peor, cuando, la mayoría de las personas necesitaba salir a la calle para atender sus negocios y empleos de manera de obtener ingresos para sus consumos.

El 18 de marzo, las autoridades sanitarias, reconocían la primera defunción producto de este coronavirus lo que justificó que cinco días después el país entrara en la segunda fase relacionada con la trasmisión. Con ello arrancó la Jornada Nacional de Sana Distancia y la campaña preventiva de "Quédate en Casa" y para el 1 de abril se emitió la Declaración de Emergencia Nacional con lo que México entraba prácticamente en la fase más virulenta y se reconoce iniciada oficialmente el 21 de abril de 2020.

No obstante, el 13 de mayo, se anunció temerariamente la primera etapa para el "regreso a la nueva normalidad" son ello se buscaba que los daños del nuevo coronavirus no fueran tan perjudiciales para la economía, aunque, como veremos, elevaría el número de contagios y muertes. Así, el 18 de mayo, se anuncia la apertura completa en municipios sin contagio y vecindad con municipios sin contagio, que claramente estuvo dirigido a los municipios rurales donde la pandemia prácticamente no pintaba en los números oficiales.

Entre 18 y el 31 de mayo de 2020 se da la preparación para la segunda etapa nacional con la ampliación de las empresas consideradas esenciales y la publicación de los lineamientos para la reactivación temprana de actividades. A partir del 1 de junio empieza el retorno a actividades no esenciales con base en el semáforo de riesgo epidemiológico semanal por regiones (estatal o municipal) y el 15 de junio, se da la reapertura de actividades en 16 entidades en semáforo naranja y la aplicación de Lineamientos Técnicos de Seguridad Sanitaria en el Entorno Laboral para la reactivación de actividades de levantamiento cara a cara[2].

Estas medidas precautorias muchos observadores la consideraron apresurada porque en ese momento se multiplicaban los contagios y muertes por todos los rincones del país y el mundo.

Fue el momento cuando muchos se preguntaron sobre la validez de la estrategia operativa que siguieron el gobierno federal, y la replicaron los gobiernos estatales,

---

[2] https://www.inegi.org.mx/contenidos/programas/enoe/15ymas/doc/enoe_n_presentacion_eje cutiva_0720.pdf Consultado el 18 de octubre de 2020.

para atender tanto la multiplicación de los contagios y muertes, como los efectos que estaba teniendo en la estructura económica y el ingreso de las familias. Para dar una respuesta racional a esta preocupación había que partir de la responsabilidad constitucional en los problemas de salud, sea presupuestal y operativa, que corresponde por ley al gobierno federal en coordinación con los gobiernos estatales.

Desde entonces la sociedad mundial ha sido sacudida por decenas de millones de contagios y muertes que no ha respetado género, edad, raza, condición social o país y, por su propia naturaleza destructiva, ha puesto en jaque las capacidades reactivas de los organismos internacionales y los distintos niveles de gobiernos y, especialmente, los sistemas de salud pública frecuentemente no preparados para atender los efectos nocivos de una pandemia por virus desconocido.

La economía manifestó una dialéctica de eliminación y concentración de los flujos comerciales que encontró a muchos gobiernos incapaces de atender la emergencia y dejó, a millones de personas, sin empleo e ingresos, aumentando considerablemente el número de pobres en México cuando 6.2 millones de sus ciudadanos que en 2018 se encontraban en el estatus de clase media dejaron de estarlo para ubicarse en la clase baja (INEGI, 2021).

Y es que el gobierno federal, responsable de la atención de la salud pública, no tenía los recursos humanos, ni materiales, ni estaba dotado de una política de emergencia para atender los efectos de la pandemia y, por ende, fue incapaz de satisfacer la exigencia creciente de servicios públicos de salud y, también, imposibilitada de brindar apoyos a las empresas y personas sin ingresos o con ingresos disminuidos.

Peor, todavía, les fue a los millones de trabajadores y pequeños empresarios que se empleaban en el sector informal de la economía que literalmente quedaron en la calle sin forma de sobrevivir en un entorno destructivo de empleo. A contracorriente, emergió poderoso, el fortalecimiento de las grandes empresas nacionales y extranjeras que capturaron cada día mayores tajadas del mercado nacional y lo mismo sucedió, con el incremento vertiginoso del comercio *on-line* que afectaron severamente las estructuras tradicionales (mercados, abarrotes, tiendas de barrio, prestación de servicios, etc.). De manera que cuando vino la curva decreciente de la pandemia el escenario comercial era otro muy distinto, tanto por la demanda, como por la oferta, que adquirió un tinte monopólico que por su naturaleza llegó para quedarse.

En lo político, las instituciones de la democracia, vinculadas a los procesos electorales y la renovación de la representación política se vieron inmediatamente paralizadas cuando se llamó al recogimiento en los hogares y sus agentes buscaron alternativas eficaces para normalizar la nueva realidad y continuar con sus tareas institucionales (Mariñez y Calzada, 2021). Y es que la nueva situación, exigía la necesidad de realizar una mudanza de las formas tradicionales de comunicación política (contacto personal, actos de proselitismo en el espacio público, marchas, debates abiertos, incluso, propaganda política que habían sido consideradas inmodificables desde el siglo XX) transitaron hacia la operación digital para establecer puentes con los electores que estaban en sus domicilios esperando volver a una normalidad todavía lejos de llegar cuando y la mayoría de la población se encontraba en los momentos más álgidos y destructivos de la pandemia (Aguirre Sala, 2021).

Esto exigía una nueva dinámica entre los actores electorales y los ciudadanos. La democracia persistiría, pero, sería, a través de campañas bajo nuevas regulaciones y, todavía, estaban por aparecer en materia de modelos, formatos, tiempos, publicidad y propaganda en las distintas redes sociales. Este cambio repentino, radical y vertiginoso, aceleró la agenda digital de las instituciones electorales, con el fin de responder a los dictados que imponía la emergencia sanitaria, las necesidades de la política y el activismo de los militantes de los partidos políticos, entonces, las instituciones se vieron obligados a aprender rápido para no perder la vinculación y mantener el pulso de las clientelas electorales que estaban siendo sacudidas por las oleadas mortales del virus SAR-Cov-2.

Afortunadamente en México, las reformas constitucionales y reglamentarias de 2007-2008, habían favorecido la legislación para que el Estado tuviera el control total sobre los tiempos en radio y televisión y de esa manera, dar forma en el Instituto Nacional Electoral (INE) al Sistema Integral de Administración de los Tiempos del Estado (SIATE), que dejó fuera de la operación electoral a las grandes empresas de medios de comunicación privada que hasta entonces habían sido el eje principal en la trasmisión de los mensajes políticos-electorales. Y, dicho de paso, este cambio de actor, lamentablemente, no habría de afectar los presupuestos en materia electoral que esta considerado uno de los más altos del mundo democrático.

A decir por los operadores del nuevo modelo era la "solución tecnológica" capaz de cumplir eficazmente con la obligación constitucional de ponerlo en marcha y a favor de una comunicación política acorde con las necesidades de una sociedad democrática de avanzada. Esta "solución" ha sido considerada por el INE como vanguardista en el mundo por "la articulación de diversas tecnologías: satelital, electrónica, informática e Internet, y porque en su interacción posibilita supervisar en tiempo real, lo que ocurre en el espectro radioeléctrico de México, todos los días y, en prácticamente todo, el territorio nacional" (IFE, 2009).

El INE y su complemento los Organismos Públicos Locales Electorales (OPLE´s), localizados en cada una de las treinta y dos entidades federativas, constituyen un complejo sistema institucional de administración de los tiempos fiscales del Estado.

Se complejiza, además, por el fenómeno pandémico, que llamaba a acelerar la digitalización que se venía dando gradualmente en la última década por lo que, a decir por el presidente del Consejo General del INE, había llevado a reforzar los instrumentos tecnológicos en la perspectiva de:

"Primero, recabar respaldos ciudadanos para las candidaturas independientes con mecanismos de seguridad, rapidez, control y, por supuesto, protección de los datos.

Segundo, la aplicación para registrar militantes de los partidos políticos y la aplicación para solicitar eventuales consultas ciudadanas y revocación de mandato",

Tercero, el voto por internet para las y los mexicanos residentes en el extranjero, "que ya instrumentamos exitosamente en las elecciones de este año", así como la votación en urnas digitales, "que ya se ha instrumentado de manera vinculante, es decir, ya hay ciudadanos que votan sólo en urnas digitales"

Cuarto, la implementación de los mecanismos de información sobre las elecciones y el combate a la desinformación, "a través de un uso intensivo y proactivo de redes sociales que el INE despliega permanentemente y, particularmente, durante los procesos electorales para combatir la desinformación y las noticias falsas" … y a efecto del interés en este ensayo,

Quinto, se implementó "un mecanismo de fiscalización en línea, así como "el monitoreo automatizado a la radio y la televisión que nos permite identificar que las prohibiciones y restricciones en el modelo de comunicación política se cumplan" (Córdova, 2021).

Metodología

Este ensayo de investigación sobre la comunicación política en un contexto social marcado por la pandemia se realizó utilizando el enfoque inductivo-deductivo mediante la técnica de análisis de contenido que combina la observación y producción de datos con su interpretación y análisis (Easton, 1992). En cuanto al estudio de la comunicación política como política pública la desarrollamos de acuerdo con el neoinstitucionalismo sostenido sobre una base económica y sociológica que ve las instituciones como producto de la acción de individuos racionales (March y Olsen, 1997) que le imprimen una dinámica a través del diseño, instrumentación y aplicación de políticas públicas específicas (Meny y Thoning, 1992).

Mejor, todavía, esas políticas públicas en materia de comunicación política responden a los desafíos institucionales que le impone una sociedad en proceso de cambio, donde, aquella, estaba prácticamente en manos de actores sociales privados (televisoras) que le imponían sus intereses particulares y resultaba indispensable para la consolidación democrática que fuera absolutamente un componente del Estado constitucional (Esteinou, 2010) lo que transitó, no sin resistencia, de aquellos actores económicos, que habían tenido durante décadas el control absoluto de la propaganda política. Incluso, no solo eso, al ser los privados los dueños de los medios de comunicación más poderosos influían decididamente en favor de una u otra coalición, de uno y otro partido, de uno y otro candidato, de uno u otro triunfo, de una y otra derrota. Es decir, no se caracterizaban por su imparcialidad al distribuir mensajes en sus tribunas mediáticas lo que afectaba sensiblemente la certeza electoral.

Así, siguiendo estas premisas teóricas, el ensayo pretende en primer lugar tener una mejor comprensión del funcionamiento de las instituciones constitucionales comprometidas con el desarrollo democrático a través del análisis de las unidades en materia de comunicación política tanto en la fase de transición del modelo, como en su eficacia en las elecciones federales de 2021 que, cómo se sabe, ocurrieron durante el periodo crítico de la pandemia en los 300 distritos federales electorales, 15 gobiernos estatales con sus respectivos con sus congresos locales, 1 923 ayuntamientos[3].

Segundo, realizamos, el análisis cuantitativo y cualitativo, mediante el proceso por el cual se diseñó el nuevo modelo de comunicación política que institucionalizaba las prácticas de trasmisión de programas, emblemas, ofertas y candidatos en los tiempos legales del Estado. Y, para un mejor análisis, consultamos los concentrados de una base de datos construida por el INE para demostrar, lo que a juicio de los operadores institucionales, representaba la

---

[3] https://estepais.com/tendencias_y_opiniones/desafios-de-la-eleccion-concurrente-2021/
Consultado el 22 de noviembre de 2022.

eficacia y eficiencia del modelo comunicativo de esta institución autónoma constitucional;

Tercero, analizamos *grosso modo*, la puesta en operación del nuevo modelo de comunicación política en elecciones federales normales sin pandemia donde las instituciones pusieron en operación los nuevos mecanismos al servicio de la democracia mexicana y, por las propias circunstancias que impuso la pandemia del Covid-19, el rol que jugaron las redes sociales en las estrategias mercadológicas y las *fake news* en el proceso electoral federal de 2021, que permite el análisis comparado entre ambos tipos de procesos comunicativos.

Finalmente, las experiencias que dejaron las elecciones del verano de 202, permiten hacer un primer balance de la aplicación del modelo comunicativo y establecer áreas de mejora en perspectiva de futuros comicios por las alertas que se hicieron visibles y que amenazan la calidad de la democracia mexicana.

Modelo de comunicación política

Antes de entrar en materia habrá que recordar que el modelo de comunicación política vigente tiene un antecedente en la reforma *fast track* del 1 de diciembre de 2005 de la Ley Federal de Radio y Televisión (LFRT) y la Ley Federal de Telecomunicaciones (LFT), mejor conocida como Ley Televisa, que fue presentada y dictaminada en 8 días para ser aprobada en 7 minutos en la Cámara de Diputados. Sin embargo, el Poder Judicial, a través de la Suprema Corte de Justicia de la Nación, la corrigió por considerar inconstitucional lo aprobado por el Poder Ejecutivo y Legislativo, reivindicando de esa manera el espíritu de la Constitución que siempre debe estar por encima de los poderes fácticos informativos[4] sentando las bases para un modelo republicano de comunicación pública.

Así, con ese nuevo modelo, se avanzó simultáneamente en la reforma electoral de 2007-2008 que tenía dos grandes objetivos estratégicos en el proceso de construcción institucional:

Uno, el mejoramiento del régimen de partidos en cuanto a los requisitos para la constitución de nuevas formaciones políticas, la vida interna, las coaliciones, el financiamiento público, los tiempos de las precampañas y campañas y la fiscalización de los recursos de los partidos políticos que trascendió la reserva sobre el secreto bancario, fiduciario y fiscal; y

Dos, una reforma profunda que dotó al entonces Instituto Federal Electoral (IFE) de la entera exclusividad en materia de administración de los tiempos electorales en radio y televisión que, hasta entonces, funcionaban con una extraordinaria discrecionalidad que afectaba severamente la equidad en la competencia entre partidos.

Así, hasta antes de esas reformas modernizadoras, el dinero privado fluía libremente y determinaba, frecuentemente, quienes eran los ganadores y quienes los perdedores en las contiendas electorales que despertaban mayor interés (Córdova y Murayama, 2006).

---

[4] Para ahondar en este tema recomendamos el texto de Javier Esteinou Madrid "El nuevo modelo de comunicación política y sus consecuencias sobre las elecciones intermedias de 2009 en México", en
http://historico.juridicas.unam.mx/publica/librev/rev/facdermx/cont/253/art/art12.pdf
Consultado 21 de diciembre de 2021.

En esta circunstancia notoriamente antidemocrática los grandes medios de comunicación obtenían una buena parte del financiamiento público y actuaban como un poder paralelo que influía en la distribución del poder político.

De manera que cuando se presentaron las iniciativas de reforma constitucional y reglamentaria se opusieron tajantemente y empezaron una campaña de descrédito contra los principales promotores. Sin embargo, fue inútil, las principales fuerzas políticas habían acordado legislar para que el Estado mexicano tuviera entre sus competencias el control de los tiempos electorales y, en lo sucesivo, estos lo administraría el IFE, para garantizar equidad en la competencia electoral por los cargos de representación política de los tres niveles de gobierno.

El nuevo modelo de comunicación política al que habrían de ajustarse los partidos políticos con registro electoral contempla:

"1. Los partidos políticos tienen acceso a la radio y a la televisión sólo a través de los medios públicos (implicando la suma de los tiempos del Estado y los tiempos fiscales);

2. El IFE es la única autoridad facultada para administrar los tiempos estatales y para determinar su ampliación o no en circunstancias determinadas;

3. El IFE verifica la transmisión de las señales de radio y televisión para vigilar el cumplimiento de la ley;

4. El IFE es la autoridad competente para establecer las sanciones por la violación a lo establecido en relación con los medios de comunicación con fines electorales, pudiendo incluso ordenar la cancelación inmediata de las transmisiones en radio y televisión que sean violatorias de la ley;

Así mismo, "5. Desde el inicio de las precampañas los tiempos de que dispone el IFE son de 48 minutos diarios en cada canal de televisión o frecuencia, que distribuye entre 2 y hasta 3 minutos por hora de transmisión, en la franja horaria de las 6:00 a las 24:00 horas;

6. Durante las precampañas los partidos recibirán 1 minuto por cada hora en cada estación (18 minutos en total), y en las campañas electorales el tiempo de que dispondrán es de por lo menos el 85% del tiempo total;

También, 7. El criterio de distribución de los tiempos electorales sigue la fórmula del financiamiento público, 30% igualitario y 70% proporcional a la votación de cada partido de acuerdo con el resultado de la votación de la última elección;

8. Fuera de las campañas electorales, el IFE dispone del 12% del total de tiempos del Estado que se distribuye en un 50% entre los partidos de forma igualitaria y el resto corresponde directamente al IFE; y,

9. La competencia del IFE como administrador de los tiempos públicos con fines electorales también extiende al ámbito local respecto de los espacios en las emisoras locales" (Córdova, 2013).

Estas reformas, tuvieron como principal resorte, las elecciones presidenciales de 2006, que cómo se recordara fueron las más competidas hasta entonces y al final, solo hubo una diferencia mínima de 0.54% entre Felipe Calderón Hinojosa, el candidato del Partido Acción Nacional (PAN) y Andrés Manuel López Obrador, candidato de una constelación de fuerzas nacionalistas y de izquierda y, dónde, notoriamente, los grandes medios de comunicación jugaron un papel decisivo a través del apoyo que brindaron a Calderón Hinojosa y además que difundieron profusamente la campaña negativa: "López Obrador, es un peligro para México", y, para el obradorismo, como para muchos observadores, esa campaña negativa fue determinante para el resultado oficial que favoreció finalmente a Calderón Hinojosa (Pedraza Reyes, 2007) aunque, el obradorismo, fue más allá y acusó, acusa, a la autoridad electoral de haber sido parte de un "fraude electoral" de gran magnitud.

La consecuencia inmediata fue de una burbuja de inestabilidad política que exigía echar mano de la experiencia liberalizadora. Era indispensable aprobar las reformas que evitaran que la misma situación se repitiera con su secuela desestabilizadora. Así, se celebraron las negociaciones entre los grupos parlamentarios y en lo sucesivo, los partidos o particulares, estarían impedidos legalmente para contratar tiempos en radio y televisión y en las contiendas, donde la diferencia fuera menor al uno por ciento, el partido o coalición presuntamente afectado, podría solicitar contar nuevamente "voto por voto, casilla por casilla" para de esa forma transparente saber quién verdaderamente era el ganador o el perdedor en ese tipo de competencia electoral.

En 2007, fue reformado el artículo 134 constitucional, de manera que se introdujeron restricciones a los gobernantes en materia electoral cuando señala a la letra que: "La propaganda, bajo cualquier modalidad de comunicación social, que difundan como tales, los poderes públicos, los órganos autónomos, las dependencias y entidades de la administración pública y cualquier otro ente de los tres órdenes de gobierno, deberá tener carácter institucional y fines informativos, educativos o de orientación social. En ningún caso esta propaganda incluirá nombres, imágenes, voces o símbolos que impliquen promoción personalizada de cualquier servidor público" lo que daría pie a que en lo sucesivo desapareciera la personalización de la propaganda electoral que era una práctica muy frecuente en un sistema con rasgos patrimonialistas muy marcados.

Con esta reforma fundamental, se acotó una práctica muy extendida en el medio político y en lo sucesivo, ningún servidor público, podría interferir en las reglas establecidas en el artículo 41 constitucional. Fueran a través de la propaganda gubernamental durante las campañas electorales o la personificación de los mensajes. Hay quienes vieron y siguen viendo, esta disposición jurídica, como censura al poder institucional, pero, en estricto sentido, no lo es, ya que estamos hablando del uso de dinero público puesto al servicio de una persona o partido político y, además, como el IFE-INE, no puede intervenir de oficio sino son los propios partidos a través de sus representantes, o ciudadanos sin partido, los que interponen sus quejas ante la autoridad por cualquier presunta violación a los principios constitucionales en materia electoral.

Y una vez interpuestos los recursos de queja, sería cuando el IFE-INE habría de intervenir recogiendo y valorando las pruebas para luego emitir con base a lo que establece la ley, una postura de rechazo de la prueba o aceptación con la correspondiente sanción dejando a salvo el derecho de los presuntamente afectados para que puedan recurrir las decisiones administrativas ante los tribunales jurisdiccionales y, en su caso, los beneficiados hacer igualmente su legítima defensa.

Bajo este contexto jurídico-político se celebraron las elecciones concurrentes (federales y estatales) donde estuvieron en disputa las 500 curules federales, 300 distritos electorales de mayoría relativa y 200 de representación proporcional, que integran la Cámara de Diputados; así mismo, 21 mil 368 cargos electos estatales y municipales, entre ellos, 15 titulares de los gobiernos de los estados.

Este alud de elecciones que fueron correctamente calificada como las "elecciones más grandes en la historia de México" convocaron en medio de la pandemia a las urnas a 93 millones 528 mil 473 ciudadanos registrados en la lista nominal y de los cuáles asistieron a sufragar 48,874,040 que representaron el 52.66% (INE, 2021)[5] lo que representó un poco más de un 5% de la participación en la elección intermedia federal de 2015.

---

[5] Las cifras y porcentajes señalados hasta ahora corresponden a la elección de diputados federales y las inmediatamente siguientes son parte de la información sistematizada en Numeralia INE de los procesos electorales 2020-2021.

Esta convocatoria planteaba operativamente un gran desafío ya que había que instalar 162 mil 570 casillas electorales en todo el país y garantizar las medidas sanitarias de "sana distancia" para evitar que el llamado a votar se convirtiera en un mayor problema de contagios del Covid 19.

Así mismo, había que poner en operación, el modelo de comunicación política, para que partidos y candidatos difundieran su programa y su oferta programática políticos ante unos ciudadanos temerosos por la amenaza de la pandemia y estaban más en lo suyo, en sus carencias e insatisfacciones, evitando que el virus llegara a sus hogares con sus efectos destructivos.

Y el mecanismo utilizado resultó relativamente sencillo, pues los partidos enviarían al INE sus videos, spots, mensajes e imágenes y el instituto solo revisaba que se ajustaran al patrón previsto en la ley y, sobre todo, buscaba evitar las campañas de desprestigio al honor de los candidatos y las *fake news* que se multiplicaban pretendiendo influir descaradamente en el ánimo de los votantes y, cuando esto sucedía, procedían a sancionar a los infractores de las reglas de competencia.

Una vez pasado este filtro la información se autorizaba y circulaba profusamente en los tiempos oficiales de los medios de comunicación, y en especial, las redes sociales, provocando, una suerte de congestionamiento electoral que, cómo veremos, abría espacio a la desinformación fuera por la insustancialidad de la *spotización* oficial, cómo por las noticias falsas o las granjas de *bots* y *trollers* que circulaban impunemente por las redes sociales.

 No obstante, el INE hizo un balance positivo y reconoció que en las elecciones concurrentes de 2021 el 99.6% de las pautas para los medios de comunicación habían sido cumplidas (INE, 2021) lo que le llevó a considerar que el sistema integral había funcionado y mejor, todavía, se había consolidado, favoreciendo la equidad en la competencia por los votos. Algo de autocrítica, dirán los detractores del instituto, faltó a este balance de control de la estrategia de control en la difusión de mensajes político-electorales.

Precampañas y campañas

En las precampañas electorales diez partidos estaban registrados para participar con plenos derechos en los comicios concurrentes del 6 de junio. Así, mismo, de ese número de partidos, una parte de ellos se habían integrado a dos grandes coaliciones electorales, una hegemonizada por el partido Morena, que tenía como aliados al Partido del Trabajo (PT) y el Partido Verde Ecologista de México (PVEM), siendo registrada bajo el lema propagandístico de "Juntos haremos historia", y la otra, liderada por el Partido Acción Nacional (PAN), que llevaba, paradójicamente, de aliados a sus principales adversarios durante los comicios de toda la fase del proceso de transición a la democracia, el viejo Partido Revolucionario Institucional (PRI) y el Partido de la Revolución Democrática (PRD), registrada ante la autoridad competente como la coalición "Va por México".

El periodo de precampañas electorales inició el 23 de diciembre de 2020 y terminó el 31 de enero de 2021. Este lapso técnicamente estaría destinado a labores de proselitismo interno en cada partido, o en su caso coalición, de manera que los militantes que hubieren manifestado interés por una nominación política, eventualmente, compitieran entre ello democráticamente. Para tal efecto, para realizar estas elecciones deberían contar oficialmente con tiempos en radio y televisión y alcanzar visibilidad pública, además, de exponer políticamente su proyecto ante la militancia y los simpatizantes de su partido.

De acuerdo con el monitoreo del INE en las precampañas para diputados federales los partidos y candidatos independientes tuvieron la siguiente distribución en los tiempos oficiales: el PAN, alcanzó el 18.08%; Morena, 15,77%; el PT, 13.99%; el PRI, 11.7%; PRD, 11.61%; el Verde, 6.69%; MC, 6,26%; el PES, 5.48% y la diferencia, para el resto de las formaciones políticas, entre ellos, los partidos de nueva creación que tenían espacios limitados.

Y habrían de salir de ahí, quienes luego serían candidatos a los cargos de elección popular. No hay registro de que la disputa por las nominaciones haya sido un problema y que hubiese provocado precampañas marcadas por la descalificación política por lo que podría considerarse tersa la definición de candidaturas, aunque, la incursión del crimen organizado en algunas regiones del país alcanzó notoriedad con su secuela violenta. No obstante, en la mayoría de los casos, fueron decisiones que tomaron las dirigencias partidarias de acuerdo con sus mecanismos de selección o mediante acuerdos políticos con los grupos de poder interno y, en su caso, con los representantes de los partidos coaligados en los casos de candidaturas comunes.

Queda de ese momento la distribución que refleja la siguiente imagen, pero, sobre todo, las promociones alimentadas con sonrisas, colores, peinados, frases, logos, todas ellas tan insustanciales, cómo efímeras en los procesos electorales. Incluso, como se hacía costumbre, con una escasa exposición mediática por los riesgos de los contagios y, toda la apuesta, al menos, en el caso de los candidatos de Morena, fue anexarse a la popularidad, al *rating* poderoso de López Obrador, mientras la oposición, fincaban su apuesta electoral al programa de gobierno y a las emociones vigentes, el lenguaje contestatario, el malestar social o el llamado a hacer uso del voto útil o estimular el voto contra Morena que estaba en un buen momento en las encuestas de intención de voto.

Tiempo de monitoreo por partido o coalición y candidaturas independientes

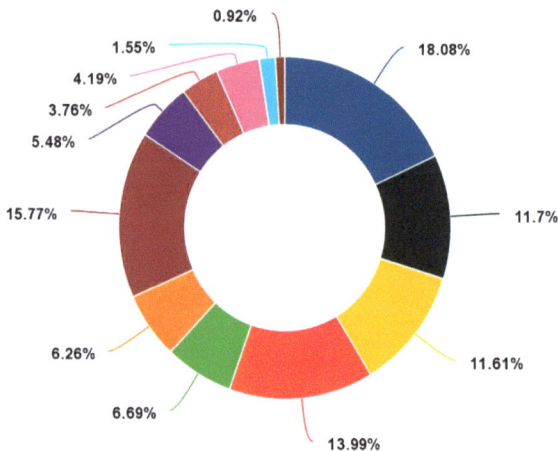

Fuente: https://monitoreo2021.ine.mx/inicio

Las campañas electorales para elegir diputados federales se llevaron a cabo entre el 4 de abril y 2 de junio. El monitoreo de los programas que difundían noticias y que supervisó el INE en tiempo real alcanzó la cifra de 49 mil 919 piezas de las cuáles, 40 mil 271, correspondieron a radio y 9 mil 648 a televisión, lo que da cuenta de que en las llamadas redes sociales no había intervención oficial aunque fue un terreno que informalmente ocuparon partidos y candidatos de manera que siendo un terreno muy concurrido y ruidoso buscar tener un impacto en la intención de voto.

El objetivo de este monitoreo institucional fue hacer una valoración limitada de "adjetivos calificativos o frases idiomáticas" para distinguir entre "valoraciones negativas y positivas" de cualquier actor político contra sus competidores. Nos dice el INE que en los programas de radio "de las 31 mil 93 piezas informativas, se restaron las que pertenecen a los géneros de opinión y análisis, y debate, lo que resulta en 28 mil 558 piezas informativas. De éstas, 24 mil 036 no tuvieron valoración por las conductoras, las reporteras, los conductores o los reporteros de los noticiarios. De las 4 mil 522 piezas informativas valoradas, hubo mil 777 valoraciones positivas y 6 mil 786 valoraciones negativas". Lo que técnicamente revela un problema de comportamiento de los actores políticos y que llama a la autoridad electoral a tener un mayor control de las emisiones para garantizar una mejor equidad en la competencia por los votos.

En cuanto a la televisión "de las mil 034 piezas informativas se restaron las que pertenecen a los géneros opinión y análisis, y debate, lo que resulta en 967 piezas informativas. De éstas, 886 no tuvieron valoración por las conductoras, las reporteras, los conductores o los reporteros de los noticiarios. De las 81 piezas informativas valoradas, hubo una valoración positiva y 162 valoraciones negativas. De las 7 mil 784 piezas informativas, se restaron las que pertenecen a los géneros opinión y análisis, y debate, lo que resulta en 7 mil 405 piezas informativas. De éstas, 6 mil 604 no tuvieron valoración por las conductoras, las reporteras, los conductores o los reporteros de los noticiarios. De las 801 piezas informativas valoradas, hubo 178 valoraciones positivas y mil 270 valoraciones negativas"[6].

Cómo se puede apreciar en ambos bloques de medios persisten las menciones negativas sobre las positivas de los actores políticos, lo que demuestra que estos frecuentemente juegan en favor o en contra de uno de ellos, y eso, cuando hablamos de la difusión de noticias, lleva el sello de la desinformación, el enturbiamiento o la parcialidad de un sector de los comunicadores y concesionarios, que de esta forma, intervienen descaradamente en los procesos electorales generando interesadamente percepciones a favor y en contra de partidos y candidatos.

---

[6] Para una mayor información sobre el monitoreo de medios véase: https://monitoreo2021.ine.mx/inicio Consultado 11 de octubre de 2021.

Tiempo de monitoreo por partido o coalición y candidaturas independientes

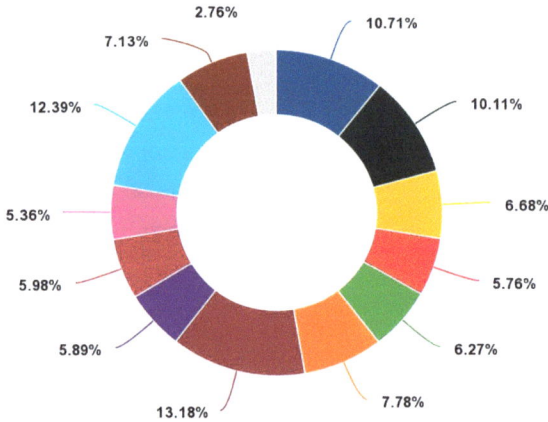

Fuente: https://monitoreo2021.ine.mx/inicio

Teorías de conspiración y *fake news*

Aun, cuando el INE, mantuvo un control estricto en la aplicación en las pautas de radio y televisión, las redes sociales siguieron siendo su gran preocupación, en especial, por las llamadas "*fake news* y las autoproclamaciones de triunfo adelantadas" (Álvarez, 2021), incluso, el fenómeno de las noticias falsas que atenta contra las democracias ha sido motivo de preocupación en México (Magallón, 2019) y la ONU (UNESCO, 2021) lo que obliga a producir los antídotos institucionales oportunos y eficaces.

En ese espacio virtual circularon durante el proceso electoral todo tipo de teorías conspirativas y noticias falsas (Mansilla Corona, 2020) mucho antes de que ocurrieran las elecciones concurrentes del 6 de junio. Con ellas se trataba de crear una atmosfera de desconfianza basada en la desinformación y, eventualmente, deslegitimar al INE y legitimar los resultados que prefiguraban los estudios demoscópicos que adelantaban un nuevo triunfo de la coalición "Juntos haremos historia".

Este resultado finalmente ocurrió en la mayoría de los estados donde hubo elecciones para renovar los poderes locales, sin embargo, en los comicios para elegir a los 500 diputados federales se produjo una reducción sensible de esa preferencia entre los partidos de la coalición "Juntos hacemos historia" lo que se tradujo que en la llamada cámara baja no se mantuviera la mayoría calificada obtenida en las elecciones generales de 2018 y, por lo tanto, al partido en el gobierno resultaban imposibles las modificaciones constitucionales previstas por el presidente López Obrador y sus aliados para la segunda etapa del gobierno obradorista.

Así a reforma eléctrica que fue presentada por el poder Ejecutivo no obtuvo la mayoría calificada requerida, aunque la Suprema Corte de Justicia de la Nación la declaró constitucional con las subsecuentes reacciones de actores externos como son los gobiernos de Canadá y Estados Unidos que han manifestado que modifica las reglas del juego previstas en TLC de América del Norte y está en revisión por las partes.

Por su parte, la ampliación del plazo para que los militares no regresaran en 2023 a los cuarteles solo fue posible con los votos de los diputados y senadores priistas y ahora está previsto que ocurrirá en 2028.

En tanto, la iniciativa presidencial de reforma electoral que pretendía un cambio de régimen del sistema electoral, el sistema de partidos y las relaciones Ejecutivo-legislativo, ha llevado a que el propio presidente reconozca que no cuenta con los votos suficientes para sacar adelante la reforma constitucional por lo que solo le quedo como posibilidad la modificación del sistema electoral mediante un Plan B que contempló cambios en artículos de leyes secundarias lo que provocó cuestionamientos severos de la oposición por su eventual inconstitucionalidad incluso la eventual rotura del voto morenista en el Senado de la República[7] que, finalmente, salieron unidos.

Animal Político, un medio digital de gran influencia en la opinión pública mexicana, hizo ejercicios para identificar las noticias falsas haciendo así una contribución, *fact-checking,* de gran valor para conservar y contribuir a mantener a salvo la calidad del juego democrático, la calidad del debate y la veracidad de la información y los argumentos esgrimidos por los competidores que estaban en búsqueda del triunfo electoral.

Entre las teorías conspirativas y falaces que identifica este medio de información se encuentra un catálogo muy singular: Está aquella sobre la tinta indeleble del INE que fue denominada "bolígrafo cuya tinta se borra" y, teóricamente, consiste en que la tinta que se utiliza para manchar cruzar la preferencia electoral y evitar el doble voto era factible eliminarla y "otro ciudadano vuelva a votar", lo que a primera vista resulta imposible porque el voto ha quedado registrado en los

---

[7] https://www.eluniversal.com.mx/nacion/plan-b-de-reforma-electoral-es-aprobado-en-lo-general-en-el-senado Consultado el 15 de diciembre de 2022.

listados electorales en poder de los funcionarios de casilla y los representantes de partidos, no obstante, el promotor de esta teoría llamaba a los ciudadano a evitarlo e invitaba llevar a la casilla su propio marcador para asegurar que realmente su voto no sería alterado mediante un borrado y menos sus preferencias electorales como su partido y candidatos.

El INE, salió al paso al infundio y aclaro que el mencionado bolígrafo no forma parte del paquete de materiales electorales[8] y una comunidad de presuntos hackers señaló: "Sabemos que hackers rusos atacan los sistemas del INE, ya que el actual gobierno no aceptará los resultados de las elecciones de junio", alertó una cuenta identificada como @AnonymousMex_ unos días antes de la jornada electoral. Este mensaje fue negado inmediatamente por Anonymous Iberoamérica señalando que no procedía de su comunidad de hackers (Animal Político, 2021) pero, como siempre sucede, pudo tener efecto entre el sector de ciudadanos más desinformados y que suelen creer en lo que leen en las redes sociales, escuchan en medios informativos o lo que circula de mano en mano, de voz en voz, de persona en persona.

También está la teoría conspirativa conocida como "fraude de carrusel", que consistiría en que desde un lugar X se alerta sobre la real o ficticia dinámica de estrategia de compra y venta de votos. Donde el agente interesado en influir en el resultado por lo general de varias casillas electorales compra masivamente el voto para que en forma de carrusel vayan a depositarlo a favor de los candidatos previamente identificados. Y de esa forma, el primer vendedor de su voto recoge las papeletas de las distintas elecciones en competencia, pero no las deposita, sino las entrega a un operador electoral que las cruza a favor de sus candidatos.

Y esas boletas, la entrega al segundo vendedor de sus votos, quien debe depositarlas en la urna y traer las nuevas papeletas para que se repita la operación y así, uno y otro, hasta cubrir a todos los que participan en el carrusel. Hay quienes ven esta operación como vendedores que van de una casilla a otra cruzando papeletas electorales. Solo que está posibilidad remota enfrenta con que los portadores de credenciales de electorales solo pueden votar en la casilla asignada en la lista nominal con fotografía y una copia de ella, está, además, en las manos de los funcionarios electorales y representantes de partido que perforan la credencial vigilando minuciosamente el proceso de elección en cada una de las casillas de las secciones electorales.

---

[8]   https://www.animalpolitico.com/elsabueso/video-pluma-se-borra-fuego-no-es-mexico/ Consultado el 11 de octubre de 2021.

La versión de este mecanismo fraudulento circuló a través de un video por las redes sociales buscando provocar desconfianza contra el sistema de partidos y desincentivar la participación ciudadana. Además, circuló una cadena de WhatsApp, el mensaje falaz, de que cualquier persona puede votar con la credencial de otra persona. El INE, correctamente, lo desmintió y señaló lo que es una obviedad, la credencial para votar tiene fotografía y las urnas, están vigiladas por funcionarios y representantes de partido e incluso, en muchos casos, por observadores electorales.

Una, más de estas estrategias, fue aquella ocurrida en redes sociales, dónde se "alertaba" a los votantes radicados en el extranjero que las papeletas "no habían llegado" al país de residencia para votar por los "diputados federales" que era lo único que se podía votar extraterritorialmente y, que esa papelería oficial, estaban en otro lugar e iban a ser regresadas para ser utilizadas fraudulentamente en algún lugar de México.

Esta información falsa no correspondía a la realidad. En el llamado "voto en el extranjero" de las elecciones federales sólo son elegibles el presidente y los senadores de la República[9]. Y en el caso de las elecciones estatales, no en todas las entidades federativas, existe este tipo de votos para los cargos de elección. Otros usuarios de las redes sociales "alertaban" sobre que el INE preparaba las urnas electrónicas para cometer fraudes electorales. El INE, respondió, acertadamente, que la autenticidad del voto en este sistema "está garantizada" porque no está conectada a internet y es auditada, por especialistas del Instituto Politécnico Nacional, y supervisada la votación en el acto por los funcionarios y representantes de partidos de cada casilla[10].

En suma, las noticias falsas, aparecieron una y otra vez, con distintos contenidos, y con mismo propósito, introducir confusión a la contienda por los votos y desincentivar la participación de los ciudadanos, incluso, en algunos casos meter miedo a la gente de manera de reducir los incentivos propios de la participación electoral en una sociedad democrática.

---

[9] https://www.animalpolitico.com/elsabueso/que-cargos-se-pueden-votar-desde-el-extranjero/ Consultado el 19 de diciembre de 2022.

Fact-checking 2021.

A diferencia de los comicios presidenciales de 2018 que provocaron que 90 organizaciones civiles, mediáticas y universidades (Magallón, 2019) se organizaran para combatir puntual y oportunamente las "noticias falsas". En las elecciones concurrentes de 2021 hasta donde logró ver esta investigación no se dio este tipo de alianzas de los medios de comunicación promotores de la democracia y, a favor, de una buena salud institucional y solo en algunas regiones del país[11] hubo intentos serios por evitar la desinformación en materia electoral y es imposible saber no sólo que medios e instituciones lo realizaron sino el efecto que tuvo en el comportamiento de los actores políticos y la percepción y sentido del voto de los ciudadanos interesados en lo público.

De aquel primer intento de trabajo colaborativo quedan para la memoria colectiva los intentos reiterados de los adversarios de Andrés Manuel López Obrador por vincularlo con los gobiernos venezolanos autoritarios de Hugo Chávez y Nicolas Maduro; así mismo, el supuesto apoyo de Vladimir Putin a la campaña electoral de López Obrador; incluso, el señalamiento de que la familia de Beatriz Gutiérrez Müller, la esposa del presidente López Obrador, habría tenido antecedentes nacionalsocialistas.

O en otro sentido, el falso señalamiento de que la esposa del candidato panista Ricardo Anaya tenía parentesco con el ex presidente, Carlos Salinas de Gortari; o la encuesta fantasma de *The New York Times* en donde, José Antonio Meade, el candidato de la coalición hegemonizada por el PRI, era el favorito con un 42% de intención de voto, lo que resultó totalmente falso, porque nunca hubo la mencionada encuesta de intención de voto y todo ello se redujo a propaganda política; incluso, está aquella donde al Papa Francisco se le involucró en la campaña presidencial, con la supuesta expresión atribuida al máximo pontífice de la iglesia católica de que "Las ideologías de AMLO, son dictaduras que no sirven", que también resultó falsa.

Ya en las campañas de 2021, la tensión principal se originó en la relación del presidente López Obrador con las autoridades del INE y estas tuvieron cuatro momentos estelares en un duelo de poderes:

---

[11] La iniciativa tuvo el respaldo y financiamiento del Consorcio para Apoyar el Periodismo Regional en América Latina (CAPIR) liderado por el Institute for War and Peace Reporting e integrado por Animal Político, Data Crítica, Armando.info, Vinland y la Fundación Karisma.

Uno, el Consejo General del INE, tomó la decisión polémica de introducir medidas para fortalecer el "principio de representatividad en la Cámara de Diputados", luego de que la mayoría de los consejeros electorales consideraron que el sistema de representación proporcional no garantizaba el cumplimiento de los límites constitucionales porque favorecía la sobrerrepresentación del partido más votado y alteraba el principio democrático de un voto/un ciudadano.

Esta sobrerrepresentación técnicamente se lograba mediante el registro de candidatos morenistas por los otros partidos de la coalición, pero una vez logrado el triunfo se sumaban a la fracción parlamentaria guinda lo que hacía con el fin de tener más diputados que lo que establece la ley para cada partido. Esta medida de control para evitar la sobrerrepresentación evidentemente provocó protestas en Morena y en especial, del presidente López Obrador, que cuestionó severamente la decisión de los consejeros electorales, pero, estás medidas adicionales que fueron controvertidas por Morena ante el TEPJF, terminaron confirmadas por el pleno de los magistrados electorales por unanimidad, elevando la tensión entre la Presidencia de la República y los consejeros del INE, además, de los magistrados del tribunal constitucional jurisdiccional.

Esta decisión afectaba la posibilidad de que Morena alcanzará la mayoría calificada en esta legislatura, lo que al final sucedió, ya que le faltaron 16 senadores y 56 diputados para lograr tener las dos terceras partes más uno en ambas cámaras legislativas provocando un gobierno sin mayoría que planteaba desafíos mayores para sacar adelante las reformas constitucionales que exigen mayorías calificadas, como las mencionadas y que hoy, son parte de la tensión política, que se vive cotidianamente en el país.

Dos, la cancelación por el INE, de los registros de los candidatos de Morena a la gubernatura en los estados de Guerrero y Michoacán, bajo el argumento de que estos no habían presentado sus informes de gastos de precampaña. Esta decisión propició nuevamente una reacción en la Presidencia de la República acusando a los consejeros electorales de que era excesiva la sanción e ilegal. Morena argumentó a su favor que no había gastos de precampaña porque en esos estados no hubo competencia interna y desde siempre, fueron candidatos oficiales, no obstante, no valieron estos argumentos y los candidatos originales debieron ser sustituidos en medio de la polarización y amenazas contra los consejeros electorales.

Tres, la noche del 3 de mayo, la línea 12 del Metro de la Ciudad de México, colapsó dejando un total de 26 personas fallecidas y decenas de personas fueron lesionadas severamente, un hecho inesperado que tiene explicaciones técnicas pero que tendría un efecto electoral en los comicios de principios del mes de junio. La capital del país gobernada por Claudia Sheinbaum, militante del partido Morena es la aspirante más fuerte para competir y, eventualmente, suceder en el cargo al presidente López Obrador.

Es más, se dice que Claudia Sheinbaum, es la aspirante favorita de AMLO. Al margen de especulaciones, lo ocurrido aquella noche trágica provocó un varapalo electoral en el principal bastión del morenismo. Ocho de las dieciséis alcaldías que comprenden la capital de la República las perdió la coalición oficialista y la ganó la coalición "Va por México".

El presidente López Obrador explicó la derrota de la siguiente manera: "En el caso de la Ciudad (de México) hay que trabajar más y tener en cuenta que aquí hay más bombardeo de medios de información, aquí es donde se resiente más la guerra sucia. (…) Aquí está todo, siempre les he dicho, ponen el radio y es en contra, aturden y confunden, es propaganda, día y noche en contra", aunque, esto, puede resultar cierto por la magnitud de la conurbación, la concentración de población y la cantidad de medios de comunicación en un país tan centralista como México, también, es la región del país con la población más informada, crítica y exigente con los gobernantes, especialmente, con aquellos que no cumplen con sus estándares democráticos y cumplimiento de su oferta en la función pública;

Cuatro, la consulta popular, celebrada el 1 de agosto de 2021 que tenía como objetivo, conocer la opinión de los ciudadanos, sobre juzgar o no, a los últimos cinco expresidentes del llamado periodo neoliberal (de Carlos Salinas de Gortari hasta Enrique Peña Nieto), resultó un rotundo fracaso para los fines del presidente por la baja participación ciudadana. Escasamente la campaña a favor movilizó a 7 millones, 663 mil 208 personas que equivale solo al 7.11% de la lista nominal nacional cuando se requería y se requería al menos el 40 por ciento de participación de ciudadanos con credencia para que los resultados tuvieran efectos legales vinculantes[12].

A pesar de que los resultados mostraron la escasa capacidad de movilización de Morena, el presidente López Obrador, la calificó como un éxito y el 7 de mayo acusó nuevamente a los consejeros electorales del INE, de ser el culpable de la baja participación ciudadana. Señaló que la escasa participación fue producto de la poca difusión a la convocatoria y refrendó en su conferencia matutina que el INE es "de lo más ineficiente y parcial y se tiene que renovar el sistema electoral

---

[12]   https://www.infobae.com/america/mexico/2020/10/02/consulta-popular-que-es-para-que-sirve-y-cuales-son-los-requisitos/ Consultado el 23 de noviembre de 2022.

mexicano". Y agregó, "No es un asunto de presupuesto, es un asunto de voluntad, cuando se quiere se puede, ellos no tenían entusiasmo (…). Se pudo haber extendido el número de urnas"[13]. Lo que no se dijo es que el INE no tenía los recursos presupuestales y el gobierno no quiso subsanar el faltante de recursos económicos.

El presidente López Obrador volvió a la carga contra el árbitro electoral. Sin embargo, los resultados electorales del 6 de junio, no le dieron lo suficiente para tener la mayoría absoluta y, menos la calificada con sus aliados, ya que solo alcanzaron 278 de los 500 diputados, lo que hacía prácticamente imposible lograrlo frente a una oposición que, al menos, en este punto se encontraba y se encontró cohesionada hasta la votación de la reforma eléctrica.

En este interín, tenemos que la sociedad mexicana, sufrió los efectos en su proceso de polarización y esto, era más notorio, en las redes sociales donde uno y otro bando se confrontaban todos los días a través de la desinformación de las *fakes news*, los memes, *bots* y *trollers*, y hasta los llamados *haters,* con su narrativa de odio, sobre todo, después de las conferencias mañaneras dónde el presidente un día sí y otro también, se enfrenta a enemigos reales o ficticios, lo que derivaba y mantenía permanentemente una atmosfera de tensión política que generaba brotes de inestabilidad recurrentes en un contexto donde la gente se resguardaba en sus hogares para evitar contagiarse del Covid-19 y eso, le daba, otra visión de la política electoral que caminaba por rutas novedosas en las carreteras digitales de la información que están modificando las formas de hacer política, cambiando las vías de contacto con los potenciales electores, los mensajes trasmitidos y el lenguaje de la mercadotecnia desde lo racional a lo emocional, de las estéticas de los protagonistas hasta la organización electoral con sus urnas electrónicas, sin embargo, no sólo eso, también está el cambio de las formas de participación y resistencia ciudadana a través de una nueva relación con el poder más activa y crítica.

---

[13] https://www.bbc.com/mundo/noticias-america-latina-58052661 Consultado el 23 de noviembre de 2022.

Los resultados electorales

En un escenario pautado por los efectos de la pandemia de Covid-19, el cambio en el modelo de comunicación política y, en una atmosfera social, cargada de polarización y violencia política provocaba que los incentivos para participar en el proceso electoral no fueran los óptimos y dominaba el escepticismo, el temor y la indiferencia, porque los ciudadanos estaban más preocupados por el día, a día, de la pandemia.

Incluso, los propios dirigentes, militantes y candidatos estaban en la misma circunstancia y no tenían claro cómo moverse en una situación sanitaria excepcional. El ciudadano promedio tenía que decidir entre participar y no participar de la convocatoria de elecciones concurrentes. Para entender el dilema en que se encontraba el ciudadano promedio echamos mano primero de la teoría de la elección racional[14] para comprender mejor el nivel de participación ciudadana que vendría cuando la tensión social seguía al alza.

Esta disyuntiva entre participar y no participar en la acción política a nuestro juicio pasaría por tres dudas razonables: El costo de participar activa o pasivamente, el beneficio que se pueden obtener como resultado de cualquiera decisión que se tome y la capacidad de influir en el resultado a través de la participación[15], o dicho en una forma más clara, la valoración que haría cada individuo cuando toma una decisión en el mercado de bienes y servicios o, en el mercado político, cuando tiene que decidir entre comprar o no comprar ese bien o contratar el servicio, participar activa o pasivamente o no hacerlo, porque percibe que si bien necesita de la estabilidad en el gobierno no dejan estar los riesgos en el dilema de que estos son mayores que los posibles beneficios. De acuerdo con esta teoría la participación política de los ciudadanos dependerá de tres elementos de acuerdo con (Anduiza y Bosch, 2004):

Esta triada que subyace a la participación política plantea el llamado dilema de la acción colectiva o también conocido como el dilema del prisionero. Es decir, si participo, pero mi participación no define el resultado, sino que depende de cómo participen otros, lo más racional es no participar y, a la inversa, si mi participación es decisiva para lograr un beneficio colectivo lo lógico es participar los más ampliamente posible sea como ciudadano, dirigente o activista político.

---

[14] Anduiza, Eva y Agustí Bosch (2004) Comportamiento político y electoral, Ariel Ciencia Política,
[15] Anduiza y Boch (2004) P. 40

En esta lógica en aquellos temas de interés colectivo -por ejemplo, ampliar los mecanismos de participación democrática- lo racional es que todos estén interesados para tener una mejor sociedad- pero, la regla es la excepción, eso sería la participación perfecta pero esa perfección no ocurre en la realidad. Habrá un sector de ellos que dirá sí a la ampliación de esos mecanismos de participación y bastará que se active la mayoría, entonces, el ciudadano medio podría decir y actuar bajo la lógica que "los otros corran con el coste de la participación" sobre todo, en aquellas sociedades que tienen un fuerte componente autoritario donde las reglas de convivencia no están determinadas por el consenso democrático sino factores subjetivos.

Este escenario de cálculo racional nos remite a una disciplina de las matemáticas y la economía que es la llamada teoría de juegos. Que la literatura especializada la define como "la rama que estudia la elección de la conducta óptima de un individuo cuando los costes y los beneficios de cada opción no están fijados de antemano, sino que dependen de las elecciones de otros individuos"[16].

El dilema del prisionero se acerca más a nuestro objeto de estudio que es la postura que podrían tener los ciudadanos para participar en un entorno de pandemia, violencia social y electoral. Que no son precisamente condiciones normales para ejercer el voto en libertad, sino, adversos, porque el ciudadano promedio percibe que podría tener altos costos su participación en una atmosfera que invita a evitar los contactos por los riesgos de contagios de Covid-19 y, peor, ser alcanzado por las balas o los golpes.

Esto obliga a valorar la participación en clave de frenos e incentivos. No es, como veremos más adelante, el escenario ideal para participar en una jornada cívica, comunitaria, democrática, sino su antítesis, su negación cuanto representa lo contrario de los valores comunitarios, de las reglas del juego y la representación democrática.

Entonces, el freno es el miedo que puede detener el ciudadano de participar en los comicios mientras los incentivos siguen sin desaparecer, pero, podrían ser menos poderosos. No es el caso de los sindicalistas que puede tener incentivos selectivos, es decir, beneficios inmediatos como un mejoramiento en las prestaciones y salarios, mejores condiciones laborales, la promoción o, simplemente la conservación del empleo o mayor cantidad de días de asueto para estar con la familia, los amigos o ir de vacaciones.

---

[16] Teoría de Juegos https://economipedia.com/definiciones/teoria-de-juegos.html Consultado 2 de octubre de 2022.

En cambio, en los comicios los incentivos están marcados por factores de distinto orden. Esta el militante y el simpatizante de un partido movilizado por razones de tipo político e ideológico o su cercanía con un líder carismático o populista, y su principal incentivo podría ser el éxito electoral de su primera preferencia. Y, mejor, cuando este podría llevar la promoción del militante en el partido hacia cargos de dirección o representación política o, simplemente, tener seguridad laboral con lo cual el miedo que otros tienen por el entorno pandémico o violento se diluye aquel personaje los metaboliza y corre los riesgos de participar en un movimiento político.

En el caso del ciudadano promedio podría tener como incentivos la instrumentación de unas políticas públicas que le favorecen a él y a su familia especialmente en el momento sanitario que se vivía en 2021. Una promesa de mejoría en el entorno en que se desenvuelve y que los otros políticos no la garantizan o está demostrado que los políticos "de siempre" está demostrado que son corruptos. Peor, cuando amenazan diciendo que la situación podría empeorar en caso de no obtener el éxito electoral. Con esa visión optimista acude a las urnas y corre los riesgos que ello implica.

Finalmente, está aquel ciudadano pesimista, que no percibe ningún incentivo porque lo domina la idea de que "todos los políticos son iguales, que van por lo suyo y solo les interesa obtener el triunfo para mejorar su situación personal". Y en esa lógica de desconfianza que llega a ser crónica, este elector no quiere correr riesgos y decide, convencido, no participar. Total, la decisión, dirá, está en otra parte no en el sufragio. Y a este tipo de ciudadano, individualista, le da lo mismo quién resulte ganador en una contienda por los votos, él va por lo suyo por la vida, mientras otros ciudadanos son capaces de entregar tiempo, dinero y esfuerzo por no ser ajeno a los problemas de su comunidad.

Ahora bien, en el mosaico de países y culturas tenemos distintos regímenes políticos. Y en particular los sistemas democráticos no son homogéneos, sino que tienen distintos niveles de desarrollo de manera que *grosso modo* podríamos dividirlos entre democracias consolidadas y democracias en proceso de consolidación. A estas últimas, muy características de América latina, les subyace una debilidad institucional y eso conlleva, a que frecuentemente este muy activa la política y en sus rutinas políticas aparezcan actores no democráticos. Uno de ellos, es el del crimen organizado. El gran generador de violencia en estas sociedades. No obstante, la violencia en sus distintas manifestaciones (criminal, económica, simbólica, etc.) existe en todas las sociedades y, la única diferencia, entre ellas, radica en la capacidad del sistema político para garantizar la dinámica de la acción colectiva y la de procesar institucionalmente la actuación de estos actores lo más ordenadamente posible. Es decir, que no sean ellos los que aprovechando vacíos institucionales sean los que impongan las dinámicas y rutinas políticas.

Por lo tanto, en el caso, de que el ciudadano promedio no tenga alguno o algunos incentivos es altamente probable que cambie por una opción que al menos ideológicamente si las tendrá o, en definitiva, decida abstenerse de participar so riesgo de no ser copartícipe en este tipo de acción colectiva que es la de votar en unas elecciones de renovación de los cargos de representación política.

Grosso modo, los incentivos y riesgos del ciudadano para cumplir con el deber constitucional de "votar y ser votado" en elecciones en contextos violentos[17] podemos representarlo en la siguiente matriz analítica:

Tabla 1: Incentivos y riesgos de participar en elecciones en contextos violentos (dilema del prisionero).

YO	Los demás

[17] Entendemos por "elecciones en contextos violentos" aquel tipo de comicios que ocurren en un ambiente de tensión entre el Estado mexicano y las organizaciones criminales lo que provoca una caída drástica de los incentivos por el incremento de los riesgos de participación de los ciudadanos salvo que el Estado sea capaz de neutralizar la acción criminal o, ocurra, una participación alta como resultado del interés por votar de los ciudadanos para evitar el deterioro de sus instituciones democráticas.

	COOPERO	COOPERAN Apoyan la elección (Se obtiene beneficios B)	NO COOPERAN No van a votar (No se obtiene beneficio C)
	Voto (sufro costes C)	B-C	0-C
	NO COOPERO No voto (No sufro C)	B	0

0= No van a votar B=Beneficios, objetivos de las elecciones (Posibilidad que no siga ganando el partido que ha demostrado incompetencia a la hora de gobernar) C=Costes de Participación (Que la alternancia sea más de lo mismo y no obtenga ningún beneficio incluso que empeore)

La matriz muestra por un lado, los beneficios y costes, que tiene un ciudadano de participar en elecciones en contextos pandémicos y/o violentos, en un escenario con opciones cerradas y donde el elector, está en las coordenadas del "dilema del prisionero", es decir, no puede jugar con otras opciones electorales más que con las existentes en la oferta institucional, aunque, en términos prácticos, el ordenamiento jurídico mexicano contemple incentivos como la figura de las candidaturas independientes e incluso la "candidatura no registrada" en la papeleta electoral.

En este tipo de sistemas de candidaturas y listas bloqueadas, los incentivos políticos de participar suelen ser muy reducidos, ya que el miedo al contagio y lo que se desprenda de la inseguridad galopante, la ven los ciudadanos como una falta de eficacia e impotencia del gobierno y, si es así, la respuesta se reduce a preguntas fundamentales en clave de incentivos: ¿para qué participar? ¿qué gano votando? ¿Si coopero y voto es muy probable que la situación de salud y violencia cambie o tenga que pagar un coste innecesario pues mi entorno seguirá deteriorándose?, es decir, seguirá siendo inseguro.

En cambio, ¿si no coopero, no sufro los costes de mi participación, no soy cómplice de una situación de impotencia e inseguridad? No arriesgo, sea porque el riesgo del contagio es alto y se presiona para votar al tener candidaturas bloqueadas y por los riesgos de que me contagie o asalten la casilla y se lleven "mi" voto.

Aclaro, son razonamientos, que frecuentemente escuchamos entre ciudadanos que tienen un alto nivel de desconfianza en los agentes de la política y sus políticas públicas, además, de las instituciones encargadas de prever y controlar los contagios pandémicos y organizar las elecciones o, en el momento de resolver las controversias entre partidos de manera que podría ser parte de lo que explica, por ejemplo, el número de abstencionistas que alcanzó el 51% de la lista nominal de electores en las legislativas federales, pero, que tiende a ser una constante nacional, pese, a las campañas institucionales a favor de la participación de los ciudadanos.

En el otro lado, los demás jugadores, si cooperan con el sistema político (B-C), razonando que votando pueden tener como beneficio que su partido el que gobierna lo siga haciendo, aun cuando, no lo haga eficazmente, o lo haga mal, pero continúa otorgando incentivos (becas a los jóvenes, pensiones a los adultos mayores, acceso a la salud gratuita, etc.) También razona si voto y pierde "mi" partido o coalición, puedo, igualmente, obtener beneficios si otro partido lo hace mejor y no siga, en el gobierno, el partido más incompetente a la hora de gobernar (0-C).

Ahora bien, si decide no votar el resto de los ciudadanos, tiene dos costes posibles: Uno, que "su" partido no gane, lo que, sin duda, reduciría probablemente los beneficios que recibiría con el gobierno de su preferencia o que la alternancia, en el gobierno, sea más de lo mismo (0).

La teoría de acción racional, entonces, nos permite recuperar la idea de que los ciudadanos, cuando de votar se trata frecuentemente se mueven en opciones prácticamente cerradas a lo que ofrecen los partidos, aunque hay sistemas electorales abiertos o semiabiertos, donde existen llamadas candidaturas independientes, lo que se traduce en la dinámica del dilema del prisionero que debe escoger entre las opciones que ofrece el sistema de partidos. Es decir, que ante la estrechez de posibilidades de voto tiene que hacer un cálculo costo-beneficio de votar entre el candidato del partido A y el del partido B, o Z, buscando de esa manera que el costo al hacerlo sea el menor posible. O, simplemente, tomar la decisión de abstenerse de participar.

Y en esa lógica, los resultados de las elecciones legislativas organizadas por el INE nos arrojan las siguientes cifras. De los más de 126 millones de habitantes estaban convocados para asistir a las urnas en torno a los 93 millones 984 mil 196 ciudadanos con credencial para votar de los cuáles asistieron 48 millones 874 mil 040 ciudadanos lo que representa el 52.66 por ciento.

Y cómo de acuerdo con la ley electoral los votos se contabilizan por partido, no por coaliciones, para efectos de asignar los 200 diputados por representación proporcional la distribución quedó de la siguiente forma: Morena, el partido más votado obtuvo 16 millones 759 mil 917 votos, lo que significa el 34.10 por ciento de la votación emitida lo que representa que obtuvo 7 diputados más respecto de la anterior legislatura, y eso significó una bancada de 198 de los 500 diputados que integran la asamblea legislativa; el PAN alcanzó 8 millones 969 mil 288 votos lo que significó 33 diputados más respecto de lo obtenido en los comicios de 2018 y el 18.44 por ciento de la votación emitida que le significó una fracción de 114 diputados federales; en tanto el PRI alcanzó 8 millones 715 mil 899 votos lo que representó 25 diputados más y el 17.73 por ciento de la votación emitida lo que le redituó contar con 70 diputados de esta legislatura. El resto, quedó entre los demás partidos de la oferta electoral que fue donde se presentaron mayores pérdidas en la representación política, de manera, que las posiciones legislativas costaron menos a los partidos grandes y más a los pequeños lo que pone en entredicho la máxima democrática de un voto un ciudadano.

La distribución en la Cámara de Diputados está reflejada en la siguiente imagen en clave de coaliciones:

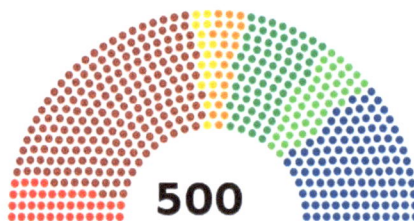

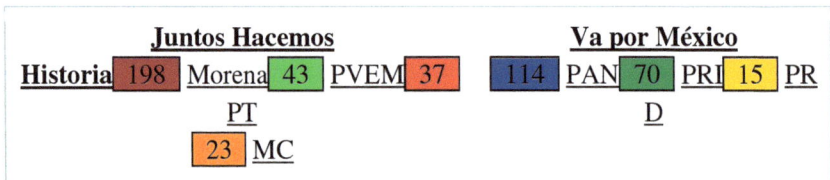

Juntos Hacemos				Va por México			
Historia 198	Morena 43	PVEM 37		114	PAN 70	PRI 15	PRD
	PT				D		
	23 MC						

Fuente: Cámara de Diputados

Reflexiones finales

La pandemia de Covid-19 sacudió al mundo entero con mayores o menores efectos y, en particular, a México, donde se calcula en más de siete millones de contagios y ha costado la vida, según la secretaria de Salud federal hasta octubre de 2022, más de 330 mil personas[18]. Sin embargo, recientemente el Instituto Nacional de Estadística y Geografía (INEGI) ha presentado información más precisa de la que las autoridades políticas y de salud ofrecieron en la parte más álgida de la pandemia. Y basta el siguiente dato: Entre enero y agosto de 2020 se informó que habían sido 64 mil 414 los fallecidos mientras el INEGI menciona que fueron 108 mil 658 los que perdieron la vida por haberse contagiado del virus. Estamos hablando no de unos cientos sino de decenas de miles, de 44 mil 514 fallecidos, que muestra la ligereza con la que se manejaban las cifras[19].

El fenómeno ha provocado una mayor desigualdad en el acceso al consumo y los servicios públicos, especialmente, los de salud, que se han quedado cortos ante la demanda creciente y compleja por las secuelas que ha dejado el virus entre la población más vulnerable física y económicamente. Simplemente al cerrar este ejercicio de análisis la aplicación de la vacuna estaría lejos de alcanzar a la mayoría de los mexicanos. Se aplicaron hasta julio de este año más de 209 millones de vacunas y solo el 66 por ciento de la población objetivo recibió la vacuna de refuerzo[20] lo que si bien es una cifra muy alta habría que cruzarla con el número de habitantes que ronda en los 127 millones y nos daríamos cuenta de que es poco menos de dos cuando en la sexta etapa se habla que se necesitan al menos cuatro dosis de vacunas.

El mercado laboral dio paso al llamado "home-office" que transformó el espacio privado en un espacio laboral. El mercado de bienes y servicios pasó al mercadeo en línea, provocando la quiebra de miles de pequeñas y medianas empresas y el fortalecimiento de las grandes corporaciones multinacionales que se apropiaron a través de las redes de comercialización de una buena parte del mercado de bienes

---

[18]   https://www.milenio.com/estados/coronavirus-mexico-mapa-covid-19-11-octubre-2022 Consultado el 23 de noviembre de 2022.
[19] https://www.inegi.org.mx/app/saladeprensa/noticia.html?id=8027) Consultado el 3 de marzo de 2023.
[20]   https://coronavirus.gob.mx/2022/06/29/aplicadas-en-mexico-209-6-millones-de-vacunas-contra-covid-19/ Consultado el 23 de noviembre de 2022.

y servicios. Un tema que es un desafío para economistas estudiosos de los mercados formales.

La política, por su parte, terminó frecuentemente por abandonar el espacio público, el contacto con la organización, la estructura operativa y el potencial elector para instalarse no sin cierta incomodidad en el ciberespacio y la virtualidad, incluso, se convirtió en el terreno de los *influencers* que transitaron desde el espectáculo a la promoción política y el INE, al documentar esta incursión sancionó con multas a los partidos que los contrataban para la promoción política de partidos y candidatos (Animal Político, 2021) como fueron, los casos de los partidos Verde Ecologista de México y Movimiento Ciudadano, que producto de estos recursos fueron sancionados económicamente por la autoridad electoral y el papel que jugaron los llamados *influencers*[21] en la promoción política.

En el caso mexicano, el mejor ejemplo, son las conferencias mañaneras del presidente López Obrador que lentamente lo fueron alejando de las grandes concentraciones y los grandes públicos a los que estaba acostumbrado todavía hasta la campaña electoral de 2018, y en 2021, sus desplazamientos por el territorio nacional están más calculados de manera de evitar en lo posible los contactos masivos pero, más recientemente, el presidente López Obrador, ha vuelto a la plaza pública como sucedió el 27 de noviembre de 2021 para "festejar" el cuarto año de su gobierno y "rendir cuentas al pueblo", ahora, ante la emergencia ciudadana que sale a defender al sistema electoral, el INE y la democracia representativa[22].

Afortunadamente para enfrentar las nuevas condiciones el binomio IFE-INE había hecho la transición al nuevo modelo de comunicación política y ahora, está basado preferentemente en la digitalización que, sin duda, empobrece la política, porque el debate público ha sido sustituido frecuentemente por una imagen vistosa, una frase corta y creativa, el monólogo discursivo, el lema de campaña pegador, la bandera del partido, el logo de una marca o una sonrisa largamente ensayada de manera que la oferta electoral queda, endosada a una imagen mercadológica o a la voluntad de un personaje omnipotente cuidadosamente diseñada para ir a la pesca de los votos.

---

[21] https://politica.expansion.mx/mexico/2021/07/22/por-el-uso-de-influencers-en-veda-electoral-el-ine-multa-al-pvem-con-40-9-mdp Consultado el 23 de noviembre de 2022.
[22] https://www.infobae.com/america/mexico/2022/11/13/en-vivo-marcha-en-defensa-del-ine/ Consultado el 23 de noviembre de 2022.

En esa imagen diseñada por mercadólogos pacientemente, los partidos políticos aparentemente pasaron a un segundo plano o mejor, dieron paso a nuevas formas de convencimiento político generalmente mediante mensajes virtuales Los tiempos de la pandemia, entonces, si bien tuvieron muestras notorias de solidaridad humana fueron un tiempo favorable para la demagogia de un lado y otro de la geometría política.

En definitiva, la digitalización avanzó rápidamente, a la par de la pandemia, creando una suerte de hermandad dónde por un lado se reconfigura el mensaje político y por el otro, activa la participación ciudadana, en tiempos, que, para muchos, estaban llamados a contraerla y lo mejor, fue el resultado, porque la distribución del voto refrendó nuevamente la vena pluralista de la democracia mexicana en los tres niveles de gobierno aunque se percibe una tendencia a constituir un sistema de partidos hegemónico.

Mazatlán, Sinaloa, marzo de 2023.

Bibliografía y hemerografía

-Aguirre Sala, Jorge Francisco (2021): *¿Qué es la democracia electrónica? La transición política por la transformación digital de la democracia.* México: Tirant lo Blanch.

-Álvarez, Rubén (2021) *Fake news' y proclamaciones adelantadas preocupan al INE rumbo al 6 de junio* https://politica.expansion.mx/mexico/2021/06/04/fake-news-y-proclamaciones-adelantadas-preocupan-al-ine-rumbo-al-6-de-junio (En línea) Último acceso el 11 de octubre de 2021.

-Animal Político (2021) *Tribunal confirma multa al Verde: pagará 40 mdp y no tendrá spots en un año* https://www.animalpolitico.com/2021/08/tepjf-avala-sancion-pvem-uso-influencers-veda-electoral/ (En línea) último acceso el 13 de octubre de 2021.

-Animal Político (2021) *Medios mexicanos hacen alianzas contra la desinformación en las elecciones de 2021* https://latamjournalismreview.org/es/news/medios-mexicanos-hacen-alianza-contra-la-desinformacion-en-las-elecciones-2021/ (En línea) Último acceso el 13 de octubre de 2021

-Animal Político (2021) *Sinaloa y Chihuahua verifica* https://www.animalpolitico.com/2021/04/sinaloa-chihuahua-verifica-alianza-medios-desinformacion/ (En línea) Último acceso el 11 de octubre de 2021.

-Animal Político (2021) *Este video de la pluma que se borra no muestra material electoral del INE para el 6 de junio* https://www.animalpolitico.com/elsabueso/video-pluma-se-borra-fuego-no-es-mexico/(En línea) Último acceso el 11 de octubre de 2021.

-Animal Político (2021) *Voto electrónico: cómo se aplicará en estas elecciones, cuáles son sus beneficios y algunas críticas* https://www.animalpolitico.com/elsabueso/voto-electronico-elecciones-beneficios-criticas/ (En línea) Último acceso el 2 de octubre de 2021.

-BBC (2018) *Elecciones en México: 7 de las noticias falsas más sorprendentes que detectó "Verificado 2018",* https://www.bbc.com/mundo/noticias-america-latina-44476959 (En línea) Último acceso el 11 de octubre de 2021.

-Congreso de la Unión (2021). *Constitución Política de los Estados Unidos Mexicanos*, México: http://www.diputados.gob.mx/LeyesBiblio/pdf_mov/Constitucion_Politica.pdf Consultado el 1 de octubre de 2021.

-Córdova Vianello, Lorenzo (2021) *Democracia digital: inclusión y participación política*, http://www.cronica.com.mx/notasel_uso_de_las_tic_potencia_los_derechos_pol itico_electorales_en_mexico__lorenzo_cordova-1205028-2021 (En línea) Último acceso el 1 de octubre de 2021.

-Córdova Vianello, Lorenzo (2013) *El modelo de comunicación político– electoral mexicano* https://tse.go.cr/revista/art/16/cordova_vianello.pdf (En línea) Último acceso el 1 de octubre de 2021.

-Córdova Vianello, Lorenzo y Murayama Rendón, Ciro (2006) *Elecciones, dinero y corrupción: Pemexgate y Amigos de Fox*, México: Cal y Arena

- Díaz, Raúl (2021) *Informe Covid-19 en México al 7 de octubre: reportan 514 muertes nuevas* en https://www.sdpnoticias.com/mexico/informe-covid-19-en-mexico-al-7-de-octubre-reportan-514-muertes-nuevas/ (En línea) Último acceso el 13 de octubre de 2021.

-Domínguez, Pedro (2021) *AMLO reconoce derrota de Morena en CdMx; aquí sí ha tenido efecto la guerra sucia* en https://www.milenio.com/politica/amlo-reconoce-derrota-morena-cdmx-habido-guerra-sucia (En línea) Último acceso el 13 de octubre de 2021.

-El Financiero (2021) *INE multa a Samuel García y MC por aportaciones indebidas de Mariana Rodríguez* en https://www.elfinanciero.com.mx/nacional/2021/07/22/ine-multa-a-samuel-garcia-y-mc-por-aportaciones-indebidas-de-mariana-rodriguez/ (En línea) Último acceso el 13 de octubre de 2021.

-Esteinou Madrid, Javier "El nuevo modelo de comunicación política y sus consecuencias sobre las elecciones intermedias de 2009 en México", en http://historico.juridicas.unam.mx/publica/librev/rev/facdermx/cont/253/art/art1 2.pdf (En línea) Último acceso 21 de diciembre de 2021.

-Easton, David (1992) *Enfoques sobre teoría política*. Buenos Aires: Amorrortu

-Hernández Norzagaray, Ernesto (2021) *La tragedia del Covid-19 en Sinaloa*, México: UPES-Ediciones Lirio.

-IFE (2009) *El sistema integral para la administración de los tiempos del estado (SIATE)*. México en
https://portalanterior.ine.mx/archivos3/portal/historico/recursos/IFE-v2/UTSID/UTSID-InformacionSocialmenteUtil/MonitoreoMedios-SIATE/SIATE.pdf. (En línea) Último acceso 1 de diciembre de 2021.
-INE (2021) *Numeralia del proceso electoral de 2020-2021* en
https://repositoriodocumental.ine.mx/xmlui/bitstream/handle/123456789/118602/numeralia-final05082021.pdf?sequence=3&isAllowed=y (En línea) Último acceso 11 de octubre de 2021.

-INE (2021) *Modelo de comunicación política demostró su efectividad y madurez al lograr un cumplimiento superior al 99 por ciento de la trasmisión de spots*, en https://centralelectoral.ine.mx/2021/06/04/modelo-de-comunicacion-politica-demostro-su-efectividad-y-madurez-al-lograr-un-cumplimiento-superior-al-99-de-la-transmision-de-spots/ (En línea) Último acceso el 1 de octubre de 2021.

- INEGI (2021), *Cuantificación de la clase media en México*, en
https://www.inegi.org.mx/contenidos/investigacion/cmedia/doc/cm_desarrollo.pdf (En línea) Último acceso el 21 de diciembre de 2021.

-Congreso de la Unión (2016) *Ley General de partidos políticos*. México:
http://www.diputados.gob.mx/LeyesBiblio/pdf/LGPP_130420.pdf (En línea) Último acceso 21 de diciembre de 2021.

-Magallón Rosa, Raúl (2019) *Verificado México 2018. Desinformación y fact-checking en campaña electoral* en
http://www.scielo.org.pe/scielo.php?script=sci_arttext&pid=S1684-09332019000100013 (En línea) Último acceso el 11 de octubre de 2021.
-Mansilla Corona, Ricardo (2020) "Teorías de la conspiración, *fake news* y el COVID-19", en *Las Ciencias Sociales y el coronavirus*, México: COMECSO.

-March G. James y Olsen, Johan P. (1997) *El Redescubrimiento de las instituciones. La base organizativa de la política*. México: FCE.

-Mariñez, Freddy y Marisol Calzada (2021) *Gestión pública y políticas públicas en tiempos de emergencia. Lecciones aprendidas de la pandemia Covid-19.* México: Tirant lo Blanch.

-Meny, Ives y Jean-Claude Thoenig (1992) *Las Políticas Públicas,* México: Ariel Ciencia Política.

-INE (2021) *Monitoreo 2021.* https://monitoreo2021.ine.mx/inicio (En línea) Último acceso 21 de diciembre de 2021.

UNESCO (2021) *Respuestas para combatir la desinformación en procesos electorales en Perú* en https://es.unesco.org/sites/default/files/informe_sobre_la_desinformacion_unesco_2021_1.pdf (En línea) Último acceso 11 de octubre de 2021.